AW

新しいチーズケーキの教科書

船瀬洋一郎

講談社

どこにもない、自由なチーズケーキ

INTRODUCTION

「ケーキ作りは難しい」「道具がないから無理」……。そんなふうに感じている人は多いと思います。2020年の自粛期間中、ぼくがInstagramに投稿したチーズケーキのレシピを見て、「これならできるかも？」と、たくさんの方々がチャレンジしてくださいました。自分が何度も試作して辿り着いた味が、たくさんの家庭で笑顔を生んでいるかと思うと、幸せな気持ちになります。

　A WORKSのチーズケーキレシピは、守ってほしいいくつかのことを押さえてくれれば、簡単に焼けます。Instagramに投稿したレシピは、お店のレシピを若干アレンジした簡易バージョンでしたが、今回あらためてお店で作っている通りのレシピをまとめてみたところ、本当にざっくり焼いていたことを再認識しました（笑）。というわけで、お店で出しているのと同じケーキが焼けるレシピを初公開します。

　とはいえ、どう作るかは作る人の自由。必要なのは、創意工夫と臨機応変力です。思うままにチーズケーキ作りを楽しみましょう！

CONTENTS

【 この本の決まり 】
・大さじ1は15㎖、小さじ1は5㎖です。
・電子レンジの加熱時間は600Wを目安にしています。
・オーブンや電子レンジの加熱時間は目安です。機種や熱源によって多少異なるので様子をみて加減してください。

A WORKSのチーズケーキが
特別な理由

POINT **01**

おいしくなるのは、ひと晩ねかせた後

A WORKSのショーケースに並んでいるチーズケーキは、実は前日に焼き上がったものなんです。オーブンから出した段階では、フルフルと揺れるくらい繊細なものもあります。それを室温で3時間ほど、さらにラップをかけて冷蔵庫にしまってだいたい24時間から36時間くらいねかせておくと、しっとり、みっちりとした食感のチーズケーキになります。食べたくなる前に作ったほうがいいかも（笑）。

POINT **02**

簡単で、失敗なく作れる

A WORKSのチーズケーキは失敗しろ！というほうが難しいくらい簡単。まずはベーシックなものを、レシピに忠実に作ってみてください。簡単で、あっけないと思うかもしれません。はじめてお菓子を作るバイトくんでも、あっという間にできるようになります。ただ、「クリームチーズを室温に戻す」「こし器でこす」といった、レシピに書いてあることは、きちんと守ってほしい部分なので端折らずに。

POINT **03**

バリエーション、無限大！

基本のチーズケーキは3種類。ベイクドチーズケーキとバスク、スフレです。食感は異なりますが、それぞれ無限にアレンジが可能です。お店で試行錯誤を重ねたうえでのおすすめの組み合わせを紹介していますが、こっちのアレンジをあっちのチーズケーキでというのも、ぜひやってみてください。また、ここにあるアレンジからさらに進化して、びっくりするようなチーズケーキも見てみたい！

POINT **04**

おいしくて、フォトジェニック

「こんなふうに作ったら"映える"だろうな〜」と最初から狙ったわけではないんです。やっぱり、まず大事なのは「おいしい」こと。でも、かわいかったり、おおっ！っと驚いてもらえるのも、ケーキの素敵なところ。そう考えながら作っていたら、おいしくて、さらにフォトジェニックなチーズケーキがどんどんできてきて、現在のようにたくさんのお客さまに支えてもらえるようになりました。

用意するもの

【 チーズ 】

味のかなめになるクリームチーズ。
メーカーによっても味が違うので、
お気に入りを見つけてください。

試行錯誤して辿り着いたのはデンマーク〈BUKO〉
のもの。すっきりしたミルクの味で、脂っぽさや
臭みがなく、酸味がちょうどいいのです。もちろ
ん手に入りやすい製品でもOK。ただ〈BUKO〉は
風味が断然違います。また、お店のレシピでは
450ｇ使いますが、用意しやすい400ｇにしても
作れます。ただし、サンドチーズケーキを作ると
きだけは、厚みが足りないかもしれません。

POINT

クリームチーズが冷たいと、材料同士が
よく混ざらず、なめらかな仕上がりになり
ません。室温に戻し、さらにラップに包
んでもみ、やわらかくして使います。

【 材料 】

基本の材料はこれだけ！
まずはきちんとそろえて
シンプルなものに挑戦してみて。

① レモン

果皮を使うので農薬を使ってい
ないのがベスト。もしくは、水
で表面をよーく洗って。果皮は
冷凍しておくことも可能。

② グラニュー糖

グラニュー糖はサラサラしてい
て溶けやすいので使いやすくお
すすめ。もちろんきび砂糖など
好みの砂糖でもOKです。

③ 米粉

アレルギーなどでグルテンを
避けたい人にも好評。薄力粉
で代用可。米粉だとしっとり、
薄力粉だとふっくらします。

④ バニラビーンズ

なくてもいいけれど、あると豊
かな風味に仕上がります。シン
プルなチーズケーキの場合は入
れるとリッチな風味に。

⑤ キルシュ

さくらんぼが原料のブランデー。
〈キルシュワッサー〉とも呼ばれ
ます。ラムやキュラソーなどほ
かのリキュールでも。

⑥ 生クリーム

生クリームは乳脂肪分が47％
と高いものを使っています。コ
クがあって濃厚、きりっと短時
間で泡立つのもおすすめの理由。

⑦ サワークリーム

生クリームを発酵させて作る、
サワークリーム。ほんのり酸味
があります。クリームチーズと
生クリームをつなげる存在。

⑧ 卵

Mサイズを使っています。あま
りにも冷たいと生地の温度を下
げてしまうので、冷蔵庫から早
めに出しておきましょう。

【 道具 】

お店で使っている道具たち。
珍しいものはありません。
シルバーと黒でそろえています。

―――

① ボウル

こすときにふたつ必要になりますが、混ぜたりするわけではないので、ひとつしかなければ丼などでもできちゃいます。

③ ハンドミキサー

お店では生クリームを泡立てるときに使っていますが、家庭では、生地もハンドミキサーの低速で混ぜてしまえば楽ちんです。

⑤ ゴムべら

生地をさっくり混ぜるとき、こすところから型に流し込むまではゴムべらで。生地をつぶさず、残さずすくえます。

② こし器／ざる

生地をこすのは大切な工程。写真はこし器ですが、取っ手のついたざるでも代用できます。ざるの場合は2〜3回こします。

④ はかり

お菓子作りに欠かせない、はかり。慣れてきたら、ボウルをはかりにのせて、材料を次々入れていってもいいかも。

⑥ 泡立て器

生地を混ぜる前半は泡立て器を使用。かたいうちは生地がこもりますが、やわらかくなってくると混ぜやすくなります。

【 型 】

丸い型は汎用性が高く、
いろんなお菓子に使えます。
もっともポピュラーな18cmで。

―――

お店では直径18cmの丸型で焼き、10等分にカット。必ず底が取れるタイプを使ってください。また、オーブン用シートは底だけ敷けば大丈夫。バスクチーズケーキの場合はバサッと入れるだけです。

型の準備

1
オーノン用シートの上に、型の底を置く。型のふちをなぞって線を引く。

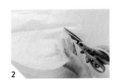

2
線の通りにはさみで切る。何度も作りそうなら重ねて何枚か切っておくと便利。

3
丸く切ったシートは、少しくしゃっとさせて入れる。

4
側面は食用油を薄く塗るだけでOK。刷毛がなければ指を使っても。

BAKED CHEESECAKE

ベイクドチーズケーキ

A WORKSでいちばんベーシックなチーズケーキ。プレーンのシンプルな味でも、
さまざまなフレーバーを加えても楽しむことができます。
まずは試してほしい、みっちりと濃厚なチーズケーキの作り方をご紹介。

◎ 基本のベイクドチーズケーキ　作り方 ≫P.14

基本のチーズケーキを作ろう！

PLAIN BAKED CHEESECAKE

01　**PLAIN BAKED CHEESECAKE**

基本のベイクドチーズケーキ

———

A WORKSのチーズケーキはここからはじまりました。
さまざまなアレンジに向く、万能選手です。

| 材料 | 直径18cmの丸型1台分 |

クリームチーズ ……………………… 450g
　→400gでも可。ただし、サンドチーズケーキを作る場合は厚みが必要なので450gがおすすめ。
グラニュー糖 …………………………… 90g
卵 ………………………………………… 2個
サワークリーム ………………………… 40㎖（30g）
生クリーム（乳脂肪分47％）………… 45㎖
米粉（または薄力粉）………………… 20g
バニラビーンズ ………………………… ½本
キルシュ ………………………………… 5g（小さじ1）
レモンの皮のみじん切り ……………… 適量

| 下準備 |

・クリームチーズを室温に戻す（P.8）。
・卵を室温に戻す。
・型にオーブン用シートを敷き、側面に食用油（分量外）を塗る（P.9）。
・オーブンを140℃に予熱する。

—— **POINT** ——

お店ではレモンを添えて提供。おうちでもレモンをしぼったり、
黒こしょうをふるとワインにも合う大人の味に仕上がります。

作り方

1
ボウルにクリームチーズを入れ、泡だて器でなめらかになるまでよく混ぜる。

2
グラニュー糖を加えてよく混ぜる。

3
卵を割りほぐし、**2**に少しずつ加えてそのつどよく混ぜる。

4
サワークリームを加えてよく混ぜる。

5
生クリームを少しずつ加えてそのつどよく混ぜる。

6
米粉を加えてよく混ぜる。

7
バニラビーンズは縦に切れ目を入れて種をこそげ、**6**に加えて混ぜる。

8
キルシュを加えてよく混ぜる。

9
こし器でこす。こし器がなければざるで2〜3回こす。

10
レモンの皮を加えてよく混ぜる。

11
型に流し入れ、140℃のオーブンで約45分焼く。やわらかくてもOK。

重要！

12
3時間ほどおいて粗熱をとり、ラップをかけて冷蔵庫でひと晩ねかせる。　⇒ 翌日

◎ チョコミントチーズケーキ　作り方 ≫≫P.18

◎ ロイヤルミルクティーチーズケーキ　作り方 ≫P.19　　17

02　MINT CHOCOLATE CHEESECAKE

チョコミントチーズケーキ

フレッシュミントやミントシロップでミント感しっかり。
市販のミントチョコを入れることで爽快感が出ます。

| 材料 | 直径18cmの丸型1台分 |

基本のベイクドチーズケーキの材料(P.14)
　→米粉は40gに。レモンの皮のみじん切りは除く。

食用色素(青)	20滴
食用色素(緑)	10滴
フレッシュミントの葉	10g
市販のミントチョコレート	60g
ミントシロップ	10g(小さじ2)

〔仕上げ〕
市販のナパージュ	30g
ミントシロップ	5g(小さじ1)
ミントの葉	適量

フランス〈MONIN〉のシロップ、アメリカ〈Andes〉のチョコを使用。

食用色素は〈McCormick〉、ナパージュは〈富澤商店〉のもの。

| 下準備 |

・基本のベイクドチーズケーキと同様に準備する。

| 作り方 |

①　基本のベイクドチーズケーキの**1〜9**のように生地を作り、食用色素を加えてミント色にする(**A**)。
②　フレッシュミントとミントチョコレートを刻み(**B**)、ミントシロップとともに①に加えて混ぜる(**C**)。
③　基本のベイクドチーズケーキと同様に焼き上げ、粗熱をとってねかせる。
④　仕上げのナパージュとミントシロップを混ぜ、スプーンで③の表面に塗る(**D**)。
⑤　切り分けて仕上げ用のミントの葉を飾る。

A

B

C

D

03 ROYAL MILK TEA CHEESECAKE

ロイヤルミルクティーチーズケーキ

——

濃いミルクティーを煮出して、茶葉ごと生地に混ぜ込みます。
口の中で紅茶の香りが弾けて広がる、ティータイムのお菓子。

| 材料 | 直径18cmの丸型1台分 |

基本のベイクドチーズケーキの材料(P.14)
　→米粉は40gに。レモンの皮のみじん切りは除く。

牛乳 .... 100㎖
紅茶のティーバッグ 5個
グラニュー糖 15g

〔 仕上げ 〕
市販のナパージュ 30g

お店ではアールグレイを使うが、
ダージリンなどお好みで。ティーバ
ッグは葉が細かくて抽出しやすい。

| 下準備 |

・基本のベイクドチーズケーキと同様に準備する。

| 作り方 |

① 基本のベイクドチーズケーキの**1～9**のように生地を作る。
② 小鍋に牛乳、ティーバッグの中の茶葉とグラニュー糖を入れて中火にかけ、沸騰したら弱火にして3分煮出す(**A**)。
③ ①に②を加えて混ぜる。
④ 基本のベイクドチーズケーキと同様に焼き上げ、粗熱をとってねかせる。
⑤ 仕上げにナパージュをスプーンで表面に塗る。

A

04　GORGONZOLA CHEESECAKE

ゴルゴンゾーラチーズケーキ

——

ちょっとクセがあるブルーチーズのゴルゴンゾーラ。中にもたっぷり焼き込んで
塩けをしっかり。ここにはちみつを合わせるのが最高なのです。

| 材料 | 直径18cmの丸型1台分

基本のベイクドチーズケーキの材料（P.14）
ゴルゴンゾーラピカンテ ………………… 150g

〔 仕上げ 〕
レモン ……………………………………… 適量
はちみつ …………………………………… 適量
塩、こしょう ……………………………… 適量

| 下準備

・基本のベイクドチーズケーキと同様に準備する。

| 作り方

① 基本のベイクドチーズケーキの**1～10**のように生地を作る。
② ゴルゴンゾーラはスライスする。
③ 型に半量の①を流し入れ、半量の②を敷き詰める（**A**）。
④ 残りの①を流し入れ（**B**）、残りの②を敷き詰める（**C**）。
⑤ 基本のベイクドチーズケーキと同様に焼き上げ、粗熱をとってねかせる。
⑥ 切り分けて、仕上げにレモンをしぼり、はちみつをかけ、塩、こしょうをふる。

A　　　　　　　　　　B　　　　　　　　　　C

05 **PISTACHIO CHEESECAKE**

ピスタチオチーズケーキ

——

まろやかで香りもいいピスタチオ。ペーストで風味を出し、
食感と香りのために刻んだものも加えましょう。

| 材料 | 直径18cmの丸型1台分 |

基本のベイクドチーズケーキの材料(P.14)
　→レモンの皮のみじん切りは除く。
殻むきピスタチオ ················· 20g
ピスタチオペースト ················· 50g

〔 仕上げ 〕
市販のナパージュ ················· 30g
殻付きピスタチオ ················· 10粒

ピスタチオはペースト、殻むき・付
きと3種類も使用。ペーストはイタリ
ア〈BABBI〉製。

| 下準備 |

・基本のベイクドチーズケーキと同様に準備する。

| 作り方 |

① 基本のベイクドチーズケーキの**1～9**のように生地を作る。
② 殻むきピスタチオはみじん切りにする(**A**)。
③ ①に②とピスタチオペーストを加えて混ぜる。
④ 基本のベイクドチーズケーキと同様に焼き上げ、粗熱をとってねかせる。
⑤ 仕上げにナパージュをスプーンで表面に塗り、殻付きピスタチオを飾る。

A

06　MAPLE SYRUP & WALNUT CHEESECAKE

メープルくるみチーズケーキ

———

メープルシロップの深みのある甘さはナッツと好相性です。
くるみは刻んだものをたっぷり入れ、噛みしめるおいしさを。

| 材料 | 直径18cmの丸型1台分 |

基本のベイクドチーズケーキの材料(P.14)
　→レモンの皮のみじん切りは除く。
メープルシロップ ……………………… 10g(大さじ½)
くるみ(ロースト) ……………………… 60g

〔 仕上げ 〕
メープルシロップ ……………………… 10g(大さじ½)
市販のナパージュ ……………………… 30g
くるみ(ロースト) ……………………… 10粒

| 下準備 |

・基本のベイクドチーズケーキと同様に準備する。

| 作り方 |

① 基本のベイクドチーズケーキの**1～9**のように生地を作る。
② くるみは粗く刻む(**A**)。
③ ①に②とメープルシロップを加えて混ぜる。
④ 基本のベイクドチーズケーキと同様に焼き上げ、粗熱をとってねかせる。
⑤ 仕上げにナパージュとメープルシロップを混ぜてスプーンで表面に塗り、くるみを飾る。

A

チーズケーキの上手な切り方

「切り方」なんて簡単でしょう?と侮ることなかれ。
実は失敗の多い工程。せっかくなので美しく仕上げたい!

1
バットなどに熱湯を入れ、包丁の両面をしばらく浸す。

2
キッチンペーパーや清潔なふきんで、手早く水けを拭く。

3
包丁の先端をチーズケーキの中心におく。

4
躊躇せずにまっすぐ垂直に包丁をおろす。重力に従って!

5
サーバー(切った直後なら使った包丁でもOK)も同様に熱湯に浸す。

6
オーブン用シートとケーキの間にサーバーを入れ、ケーキを引き抜く。ひと切れずつ1〜6をくり返す。

BASQUE CHEESECAKE

バスクチーズケーキ

スペイン・バスク地方発祥で、日本でもすっかり浸透したバスクチーズケーキ。
トップを真っ黒に焦がすのが定番です。焼き上げたときにはプリンのようにフルフル。
ベイクド同様、ひと晩かけてしっとりとなじませます。デコレーションケーキへのアレンジにも。

ラフな焼き上がりで、ふくよかな食感

PLAIN BASQUE CHEESECAKE

07　PLAIN BASQUE CHEESECAKE

基本のバスクチーズケーキ

生地には卵や生クリームを多めに使いますが、手順は
ベイクドとほぼ変わりません。まろやかな生地をじっくり焼いて。

| 材料 | 直径18cmの丸型1台分 |

クリームチーズ ……………………… 450g
　→400gでも可。ただし、サンドチーズケーキを作る場合は厚みが必要なので450gがおすすめ。
グラニュー糖 ……………………… 120g
卵 ……………………………………… 4個
生クリーム（乳脂肪分47％） ………… 250㎖
米粉（または薄力粉） ……………… 15g
バニラビーンズ …………………… ½本
キルシュ ……………………………… 10g（小さじ1）
レモンの皮のみじん切り ……………… 適量

| 下準備 |

・クリームチーズを室温に戻す（P.8）。
・卵を室温に戻す。
・オーブン用シートを大きく引き出し、ラフに型に敷く。
・オーブンを200℃に予熱する。

—— POINT ——

バスクチーズケーキを焼くときは、型より大きめに切ったオーブ
ン用シートをラフに敷く。

作り方

1
ボウルにクリームチーズを入れ、泡立て器でなめらかになるまでよく混ぜる。

2
グラニュー糖を加えてよく混ぜる。

3
卵を割りほぐし、**2**に少しずつ加えてそのつどよく混ぜる。

4
生クリームを少しずつ加えてそのつどよく混ぜる。

5
米粉を加えてよく混ぜる。

6
バニラビーンズは縦に切れ目を入れて種をこそげ、**5**に加えて混ぜる。

7
キルシュを加えてよく混ぜる。

8
こし器でこす。こし器がなければざるで2〜3回こす。

9
レモンの皮を加えてよく混ぜる。

10
型に流し入れ、200℃のオーブンで25分、180℃に下げて20分ほど焼く。

重要!

11
3時間ほどおいて粗熱をとり、ラップをかけて冷蔵庫でひと晩ねかせる。　⇒ 翌日

◎ 生チョコバスクチーズケーキ　作り方 ≫P.35

#08   GREEN TEA BASQUE CHEESECAKE

抹茶バスクチーズケーキ

宇治抹茶を贅沢に使い、ほろ苦さも旨味も存分に味わえる和の味。
大納言小豆を加えたり、白玉をトッピングしても楽しいです。

| 材料 | 直径18cmの丸型1台分 |

基本のバスクチーズケーキの材料（P.30）
　→レモンの皮のみじん切りは除く。
宇治抹茶（粉末）……………………… 40g
グラニュー糖 ………………………… 10g
熱湯 …………………………………… 小さじ2

〔 仕上げ 〕
宇治抹茶 ……………………………… 適量

| 下準備 |

・基本のバスクチーズケーキと同様に準備する。

| 作り方 |

① 基本のバスクチーズケーキの**1〜7**のように、こす直前までの生地を作る。
② ボウルに抹茶、グラニュー糖、熱湯を入れ、練り混ぜる（**A**）。
③ ①に②を加えて混ぜ、こし器でこす。こし器がなければざるで2〜3回こす。
④ 基本のバスクチーズケーキと同様に焼き上げ、粗熱をとってねかせる。
⑤ 仕上げに茶こしで抹茶をたっぷりとふる。

A

09　CHOCOLATE BASQUE CHEESECAKE

生チョコバスクチーズケーキ

チョコレートをたっぷりと溶かし込んだリッチな味わい。
ローストくるみやベリーを入れて焼くのもおすすめです。

| 材料 | 直径18cmの丸型1台分 |

基本のバスクチーズケーキの材料（P.30）
　→レモンの皮のみじん切りは除く。
ビターチョコレート ……………………… 80g
カカオニブ（あれば）……………………… 5g

〔 仕上げ 〕
ココアパウダー（無糖）、ビターチョコレート
…………………………………………… 適量

チョコはお好みで。ホワイトチョコ
やラムレーズンでも。カカオニブを
入れると風味がいい。

| 下準備 |

・基本のバスクチーズケーキと同様に準備する。

| 作り方 |

① 基本のバスクチーズケーキの**1～8**のように生地を作る。
② チョコレートは刻み、湯煎で溶かす（**A**）。
③ ①に②とカカオニブを加えて混ぜる。
④ 基本のバスクチーズケーキと同様に焼き上げ、
　 粗熱をとってねかせる。
⑤ 仕上げ用のチョコレートを刻んで湯煎で溶かし、
　 皿に広げ、冷蔵庫で冷やしかためる。
⑥ 仕上げに茶こしでココアパウダーをたっぷりとふり、
　 切り分けて⑤に盛り付ける。

A

A WORKSについて

ほかのケーキ屋さんとはなんだか違うけど人気者。
A WORKSのこれまでとこれからって?

A WORKSのチーズケーキは、「こんなの見たことない」とよく言われます。たしかに、ぼく自身も見たことありません(笑)。

今でこそ「チーズケーキ研究家」を名乗り、チーズプロフェッショナルの資格も持っていますが、もともとは建築会社で働き、その後はアパレル会社を立ち上げようとしていました。

そんな折、たまたま出かけた沖縄で良い物件に出会い、沖縄で1号店を開くことになりました。今のカオスなチーズケーキは、チャンプルー精神の賜物かもしれません。

そんなわけでぼくはパティシエではなく、言ってみれば〝俺シエ〟。製菓を学んでないぼくでも簡単に作れて、アレンジも自由なチーズケーキレシピ。学んできていないからこそ、逆に自由な発想でやってこられたの

だと思っています。

自信が持てる個性的なレシピができ、もっともっと新しいチーズケーキを生み出そうと、今の東京でのラボスタイルの店になりました。

そして、2020年の#おうちじかん。Instagramに#AWORKSレシピをアップしたことで、A WORKSの名前が思いもしなかったほど広く知られるようになりました。

A WORKSのチーズケーキは、すべて手作業で作り置きなし。無理に量産もせず、冷凍もしない。それがA WORKSのこだわりですが、だからこそお店で提供できる数は限られてしまいます。そこで、このレシピ本を出そうと思ったのです。ぼくの当面の目標は、〝世界のみんなでA WORKSのチーズケーキを焼く〟です。みなさん、ぜひ一緒にチーズケーキを焼きましょう!

SOUFFLÉ CHEESECAKE

スフレチーズケーキ

ここまでのベイクドとバスクの2種と違い、卵白を泡立てて作るチーズケーキ。
少しだけ手間はかかりますが、ふわっと軽い口溶けは、スフレならではです。
塩けのあるもの、甘くて華やかなもの。2種類をご紹介しましょう。

◎ パルミジャーノスフレチーズケーキ　作り方 ≫ P.40

ふんわりした口溶けにチーズの風味たっぷり

PARMIGIANO REGGIANO SOUFFLÉ CHEESECAKE

#10　PARMIGIANO REGGIANO SOUFFLÉ CHEESECAKE

パルミジャーノ
スフレチーズケーキ

イタリアチーズの王様をたっぷり、中にも上にも使います。
できれば塊を削り入れて。風味が全然違いますから!

| 材料 | 直径18cmの丸型1台分 |

クリームチーズ ………………	450g
→400gでも可。	
グラニュー糖 ………………	90g
卵 ………………………………	2個
サワークリーム ……………	40mℓ（30g）
生クリーム（乳脂肪分47%）…………	45mℓ
米粉（または薄力粉）…………	20g
キルシュ ……………………	5g（小さじ1）
卵白 …………………………	2個分
グラニュー糖（メレンゲ用）…………	5g
パルミジャーノ・レッジャーノ ………	適量

〔 仕上げ 〕
パルミジャーノ・レッジャーノ ………… 適量

| 下準備 |

・クリームチーズを室温に戻す（P.8）。
・卵を室温に戻す（卵白は冷やしておく）。
・型にオーブン用シートを敷き、側面に油（分量外）を塗る（P.9）。
・オーブンを140℃に予熱する。

| 作り方 |

1

ボウルにクリームチーズを入れ、泡立て器でなめらかになるまでよく混ぜる。

5

生クリームを少しずつ加えてそのつどよく混ぜる。

9

別のボウルに卵白とメレンゲ用のグラニュー糖を入れ、つのがピンと立つくらいまで泡立てる。

13

残りの**10**を流し入れる。

2

グラニュー糖を加えてよく混ぜる。

3

卵を割りほぐし、**2**に少しずつ加えてそのつどよく混ぜる。

4

サワークリームを加えてよく混ぜる。

6

米粉を加えてよく混ぜる。

7

キルシュを加えてよく混ぜる。

8

こし器でこす。こし器がなければざるで2〜3回こす。

10

8に**9**を入れ、ゴムべらでさっくりと混ぜる。

11

型に、半量の**10**を流し入れる。

12

パルミジャーノ・レッジャーノを削り入れる。

14

表面にパルミジャーノ・レッジャーノを削りかける。140℃のオーブンで45分ほど焼く。

15

重要!

3時間ほどおいて粗熱をとり、ラップをかけて冷蔵庫でひと晩ねかせる。　⇒ 翌日

11　MIXED BERRY SOUFFLÉ CHEESECAKE

ミックスベリースフレチーズケーキ

さまざまなドライベリーとチーズを重ねたら、ヨーグルトのような
優しい酸味に。好きなドライベリーを使ってみて。

| 材料 | 直径18cmの丸型1台分 |

パルミジャーノスフレチーズケーキの材料（P.40）
　→パルミジャーノ・レッジャーノは除く。

フランボワーズピューレ	100g
ドライミックスベリー	80g
カシスリキュール	20g（大さじ1½）

〔 仕上げ 〕

フランボワーズ	10粒
フランボワーズピューレ	10g
市販のナパージュ	25g
タイムの茎	適量

カシスリキュールはフランスの〈LE JAY〉。ドライフルーツはミックスがなければお好みで。

| 下準備 |

・カシスリキュールにドライミックスベリーを浸し、1時間以上おく（**A**）。
・クリームチーズを室温に戻す（P.8）。
・型にオーブン用シートを敷き、側面に油（分量外）を塗る（P.9）。
・オーブンを140℃に予熱する。

A

| 作り方 |

① パルミジャーノスフレチーズケーキの**1〜8**のように生地を作る。
② カシスリキュールに浸したドライミックスベリーを刻み、①に汁ごと加えて混ぜる。
　 フランボワーズピューレも加えて混ぜる。
③ 別のボウルに卵白とメレンゲ用のグラニュー糖を入れ、つのがピンと立つくらいまで泡立てる。
④ ②に③を加え、ゴムべらでさっくりと混ぜる。
⑤ パルミジャーノスフレチーズケーキと同様に焼き上げ、粗熱をとってねかせる。
⑥ 仕上げ用のピューレとナパージュを混ぜてスプーンで表面に塗り、
　 フランボワーズと2cm長さに切ったタイムを飾る。

A WORKSの
オリジナルドリンク

チーズケーキの生地やデコレーションで
半端に余った生クリームは、
チーズクリームにしてドリンクに活用しましょう。
コクがあるクリームをのせれば、
お茶だけでも特別な存在。
もちろん、チーズケーキにもよく合います。

チーズクリームラテ、チーズクリームティー

材料	1人分	
生クリーム（乳脂肪分47％）		100㎖
グラニュー糖		20g
パルミジャーノ・レッジャーノ		15g
好みのドリンク（カフェラテやミルクティーなど）		200㎖

〔仕上げ〕

パルメザンチーズ	小さじ1
ココアパウダー、シナモンなど	適量

作り方

1
生クリームにグラニュー糖を加え、とろっと
するくらいまでやわらかめに泡立てる。もし、
かたく立てたものが余っていれば牛乳で溶く。

2
パルミジャーノ・レッジャーノを削り入れる。
塊を削ると風味がいいが、なければ粉チー
ズなどでもOK。泡立て器で混ぜ込む。

3
好みのドリンクをカップに入れ、**2**のクリーム
をそっとのせる。ホットでもアイスでもよく、
ミルキーなものがおすすめ。

4
再度パルメザンチーズを散らす。ココアパウ
ダーやシナモンなどを好みで散らして仕上
げる。混ぜながらいただく。

LAYERED CHEESECAKE

レイヤードチーズケーキ

「層になった」を意味するレイヤード。A WORKSでは、味や色の異なる生地を
層にして、オリジナルな世界観を作り出します。「こんなふうにしたら面白いかな?」を
重ねてきたからこそでき上がったチーズケーキ。どうぞ試してみてください。

カラフルな生地を重ねるだけ

RAINBOW CHEESECAKE

12　RAINBOW CHEESECAKE

レインボーチーズケーキ

——

試行錯誤から生まれ、今ではA WORKSを代表する存在になったこのケーキ。
見た目は陽気ですが、味はごくベーシック。そのギャップを楽しんでください。

| 材料 | 直径18cmの丸型1台分 |

基本のベイクドチーズケーキの材料（P.14）
食用色素 ………………………………… 右ページの**A**〜**F**参照

〔 仕上げ 〕
市販のナパージュ ………………………… 30g
レモン ……………………………………… 適量

| 下準備 |

・基本のベイクドチーズケーキと同様に準備する。

食用色素は〈McCormick〉。4色
を混ぜてさまざまな色を作ろう。ナ
パージュは〈富澤商店〉。

—— POINT ——

カラフルだけれど生地は色を付けただけ。食べれば普通のベ
イクドチーズケーキなので、レモンをぎゅっと。

作り方

1
基本のベイクドチーズケーキの**1〜10**
のように生地を作る。

2
1の生地を右記の分量に6つに分け、
それぞれ食用色素を混ぜて色を付ける。

A	30g	赤と青を3滴ずつ混ぜて紫にする。
B	60g	青15滴を混ぜる。
C	90g	緑15滴を混ぜる。
D	120g	黄色17滴を混ぜる。
E	150g	赤と黄色を10滴ずつ混ぜてオレンジにする。
F	残り	赤20滴を混ぜる。

3
F(赤)の生地を型に流し入れる。

4
軽くゆすり平らにならす。

5
E(オレンジ)の生地を少し高いところ
から細く落とすように、中央に注ぐ。
重力で沈ませるイメージ。

6
オレンジの中心に**D**(黄色)の生地を
注ぐ。

7
黄色の中心に**C**(緑)の生地を注ぐ。

8
緑の中心に**B**(青)の生地を注ぐ。

9
青の中心に**A**(紫)の生地を注ぐ。

10
基本のベイクドチーズケーキと同様に焼
き、粗熱がとれたらラップをかけて冷
蔵庫でねかせる。

11
翌日、型から出し、仕上げに表面に
スプーンでナパージュを塗る。レモン
を添える。

13　CAMOUFLAGE CHEESECAKE

カモフラチーズケーキ

カモフラの柄は、実はチョコ、抹茶、バナナ。
人気の味をランダムに楽しめるいいとこどりの一品です。

材料	直径18cmの丸型1台分

基本のベイクドチーズケーキの材料(P.14)
　→レモンの皮のみじん切りは除く。
ビターチョコレート ……………………… 100g
抹茶 ……………………………………… 10g
熱湯 ……………………………………… 小さじ2
バナナ …………………………………… 1本

〔 仕上げ 〕
市販のナパージュ ……………………… 30g

下準備

・基本のベイクドチーズケーキと同様に準備する。

作り方

① 基本のベイクドチーズケーキの**1～9**のように生地を作る。

② チョコレートは刻んで湯煎で溶かす。抹茶は分量の熱湯で練り混ぜる。バナナは刻む(**A**)。

③ ①の生地を三等分し、②をそれぞれ加えて混ぜる(**B**)。

④ 型に半量のバナナの生地を流し入れ(**C**)、半量のチョコレートの生地をランダムに入れる(**D**)。
　 さらに半量の抹茶の生地もランダムに入れる(**E**)。

⑤ 残りの生地を同様に重ね入れる(**F～H**)。

⑥ 基本のベイクドチーズケーキと同様に焼き上げ、粗熱をとってねかせる。
　 仕上げにスプーンでナパージュを表面に塗る。

14　CARAMEL PUMPKIN CHEESECAKE

キャラメルパンプキンチーズケーキ

——

キャラメルのほろ苦さとかぼちゃの自然な甘さが
よく合います。シナモンたっぷりで仕上げましょう。

材料	直径18cmの丸型1台分

基本のベイクドチーズケーキの材料(P.14)
　→米粉は15gに。レモンの皮のみじん切りは除く。
かぼちゃ(皮、種、ワタを除いたもの) … 250g

〔 キャラメルソース 〕
グラニュー糖 ……………………… 100g
水 …………………………………… 50mℓ

〔 仕上げ 〕
ココアパウダー(無糖) ……………… 適量

下準備

・基本のベイクドチーズケーキと同様に準備する。
・仕上げ用に、オーブン用シートを直径14cmほどの円形に切る。

作り方

① 基本のベイクドチーズケーキの**1～9**のように生地を作る。
② かぼちゃは5cm角に切り、電子レンジで3分ほど加熱してやわらかくする。なめらかになるまでつぶす。
③ キャラメルソースを作る。小鍋にグラニュー糖と水小さじ2を入れて中火にかける。
　好みの加減に焦がしたらいったん火を止め、残りの水を加え、再度火にかけてなじませる(**A**)。
④ ①の生地から150gを取り分け、③のキャラメルソースを加えて混ぜる。残りに②のかぼちゃを混ぜる(**B**)。
⑤ 型にかぼちゃの生地を流し入れる(**C**)。中央にキャラメルの生地を流し入れる(**D**)。
⑥ 基本のベイクドチーズケーキと同様に焼き上げ、粗熱をとってねかせる。
⑦ 仕上げに、円形に切ったオーブン用シートを⑥の上にのせ、ふちに沿って茶こしでココアパウダーをふる(**E**)。
　最後にシートをそっとはがす(**F**)。

SANDWICH CHEESECAKE

サンドチーズケーキ

これでもか！とクリームやフルーツをたっぷり使い、立体的に仕上げるスタイルは、
A WORKSの代名詞。ベースのチーズケーキもクリームも、発想はどこまでも自由！
どうぞお好きなデザインや食材の組み合わせを楽しんでみてください。

甘じょっぱい組み合わせで人気No.1

AN & BUTTER CHEESECAKE

◎ あんバターチーズケーキ　作り方 ≫P.58

15　AN & BUTTER CHEESECAKE

あんバターチーズケーキ

あんバターパンが人気ですが、チーズケーキと合わせれば
さらに味が深まります。きっと忘れられないおやつに！

| 材料 | 直径18cmの丸型1台分 |

基本のベイクドチーズケーキ（P.14／ひと晩ねかせた完成品）
.... 1台

〔 サンドと仕上げ 〕
市販の粒あん 350g
有塩バター 60g
ドライいちじく 10g
生クリーム（乳脂肪分47％） 300mℓ
グラニュー糖 25g
市販のナパージュ 20g

| 下準備 |

・仕上げ用に、直径12mmの丸口金を付けたしぼり袋を準備する。

────── POINT ──────

飾りのクリームのしぼり出しには、12mmの口金を使用。しぼり
袋がなければ、ポリ袋などの角に入れ、先端を細く切る。

| 作り方 |

1

粒あんは飾り用に10個のあんこ玉を
作る。バターは20g分を10片の角
切りにし、残りは薄切りにする。

5

残りの生クリームをハンドクリームで
つのがピンと立つまで泡立てる。

9

粒あんの上に**2**のいちじくをドーナッ
ツ状にのせる。

13

上面にスプーンでナパージュを塗り
広げる。

2 いちじくを薄切りにする。

3 生クリームとグラニュー糖を、つのが立ち、すぐ下を向くくらいまでハンドミキサーで泡立てる。

4 約½量の生クリームをしぼり袋に入れ、冷蔵庫に入れておく。

6 チーズケーキを半分の厚さに切る。

7 下半分に**5**の生クリームをゴムべらで薄めに塗る。

8 **1**で残った粒あんをチーズケーキよりひと回り小さくまとめてのせる。

10 **1**で薄切りにしたバターを敷き詰める。

11 **7**の残りの生クリームをどさっとのせ、チーズケーキの上半分をのせてぎゅっと押さえる。

12 はみ出した生クリームをパレットナイフでならし、すき間を埋める。

14 **4**で冷やした生クリームを10カ所にしぼり出す。

15 生クリームの内側に**1**のあんこ玉をおく。

16 生クリームとあんこの上に**1**で角切りにしたバターをおく。

#16   **STRAWBERRY & WHIPPED CREAM CHEESECAKE**

いちごショート風チーズケーキ

―

定番のショートケーキもチーズケーキで作ればいい！
たっぷりのいちごと生クリームを用意して。

材料 直径18cmの丸型1台分

基本のベイクドチーズケーキ
（P.14／ひと晩ねかせた完成品）
.... 1台

〔 サンドと仕上げ 〕
生クリーム（乳脂肪分47％） ············· 450㎖
グラニュー糖 ································ 40g
いちご ····································· 25〜30粒
市販のナパージュ（あれば） ·············· 20g

下準備

・仕上げ用に、直径12㎜の丸口金を付けたしぼり袋を準備する。

作り方

① 生クリームにグラニュー糖を入れ、つのがピンと立つまで泡立てる。
  70g分をしぼり袋に入れ、冷蔵庫に入れておく。
② いちごは10粒を残し、へたを除く。
③ 基本のベイクドチーズケーキを上下半分に切り、下半分に①の残りの生クリームの半量を塗る。
④ ②でへたを除いたいちごを立つように並べ（**A**）、③の残りの生クリームをのせる。
⑤ チーズケーキの上半分をのせてぎゅっと押さえ（**B**）、ふちから溢れた生クリームをパレットナイフなどでこそげる（**C**）。
  こそげた生クリームをトップにのせ、全体に塗り広げる（**D**）。
⑥ ①で冷やしておいたしぼり袋の生クリームを10カ所にしぼり出し、
  へた付きのいちごをしぼり出した生クリームに立てかけるように飾る（**E**）。いちごにスプーンでナパージュを塗る（**F**）。

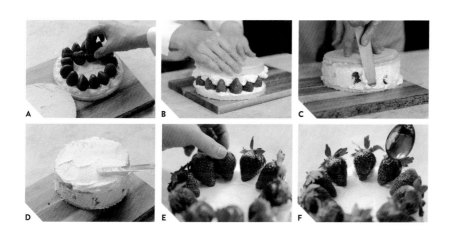

A   B   C

D   E   F

17　FIG SANDWICH CHEESECAKE

いちじくサンドチーズケーキ

いちじくとの組み合わせを模索して、やっと見つけた
抹茶とのハーモニー。独特の2つの甘みの重なりを楽しんで。

| 材料 | 直径18cmの丸型1台分 |

基本のベイクドチーズケーキ（P.14／ひと晩ねかせた完成品）
‥‥‥‥‥‥‥‥‥‥‥‥‥‥‥‥‥‥‥‥ 1台
　→宇治抹茶粉40g、グラニュー糖10g、熱湯小さじ2を練り混ぜ、
　　工程**9**の前に混ぜる。レモンの皮のみじん切りは除く。

〔 サンドと仕上げ 〕
生クリーム（乳脂肪分47％）‥‥‥‥‥ 350㎖
グラニュー糖 ‥‥‥‥‥‥‥‥‥‥‥ 30g
いちじく ‥‥‥‥‥‥‥‥‥‥‥‥‥ 8個
市販のナパージュ ‥‥‥‥‥‥‥‥‥ 20g
タイムの茎（あれば）‥‥‥‥‥‥‥‥ 適量

| 下準備 |

・仕上げ用に、直径12㎜の丸口金を付けた
しぼり袋を準備する。

| 作り方 |

① 生クリームにグラニュー糖を入れ、つのがピンと立つまで泡立てる。
　70g分をしぼり袋に入れ、冷蔵庫に入れておく。
② いちじくは6個を縦半分に切り、残りを10切れのくし形に切る。
③ 基本のベイクドチーズケーキを上下半分に切り、下半分に①の残りの生クリームの半量を塗る（**A**）。
④ ②で縦半分に切ったいちじくを、断面を下向きに敷き詰める（**B**）。
⑤ ③の残りの生クリームをのせ、チーズケーキの上半分をのせてぎゅっと押さえ、
　パレットナイフで側面をととのえる。
⑥ 表面にナパージュを塗り、①で冷やしておいたしぼり袋の生クリームを10カ所にしぼり出す。
　②の10切れのいちじくをしぼった生クリームに立てかけるように飾り、2㎝長さに切ったタイムを飾る。

A

B

18　OREO SANDWICH CHEESECAKE

オレオサンドチーズケーキ

ビターなココアクッキーのオレオは、チーズケーキと相性抜群。
いちごのみずみずしさと一緒に楽しんでほしい!

| 材料 | 直径18cmの丸型1台分 |

基本のベイクドチーズケーキ(P.14／ひと晩ねかせた完成品)………… 1台
　→工程**10**でレモンの皮のみじん切りは加えず、
　　　型に流し込む前にオレオ10枚を割って(**A**)混ぜる。

〔 サンドと仕上げ 〕
生クリーム(乳脂肪分47%)………… 300㎖
グラニュー糖 ……………………… 25g
いちご …………………………… 適量
オレオ …………………………… 5枚
市販のナパージュ ……………… 20g
粉砂糖(あれば)………………… 適量

〈ナビスコ〉のオレオはほろ苦いクッキーでバニラサンドを挟んだロングセラーのお菓子。

| 下準備 |

・仕上げ用に、直径12㎜の丸口金を付けた
　しぼり袋を準備する。

| 作り方 |

① 生クリームにグラニュー糖を入れ、つのがピンと立つまで泡立てる。
　 70gをしぼり袋に入れ、冷蔵庫に入れておく。
② いちごはへたを除く。仕上げ用のオレオは半分に切る。
③ 基本のベイクドチーズケーキを上下半分に切り、下半分に①の残りの生クリームの半量を塗る。
④ いちごを立つように並べる。
⑤ ③の残りの生クリームをのせ、チーズケーキの上半分をのせてぎゅっと押さえ、パレットナイフで側面をととのえる。
⑥ 表面にナパージュを塗り、①で冷やしておいたしぼり袋の生クリームを10カ所にしぼり出す。
　 ②のオレオを生クリームに立てかけるように飾る。仕上げに茶こしで粉砂糖をふる。

A

チーズケーキのフォトジェニックな撮り方

A WORKSのチーズケーキたちはSNSで大人気。
手作りをおしゃれに撮影するヒントをご紹介！

思い切って寄る

全体を入れる必要はなく、おいしそうな部分、かわいいと思うパートにぐっと寄ってみて。画角いっぱいに広がると、迫力が出ます。

あえて食べかけでライブ感

フォークで少し崩したところや、ソースなどで仕上げをする瞬間を撮るのもおすすめ。写真に臨場感が出て「食べたい！」と思わせる1枚に。

複数並べてみる

カットしたチーズケーキを並べたシーンは、お店のSNSでも人気です。ひとつだけにフォーカスをあてると空気感が出ます。

ドリンクと一緒に撮る

ドリンクを添えることで「さあ、いただきます！」といううわくわく感が。お気に入りのカップやお花などでスタイリングに挑戦しよう。

DECORATED CHEESECAKE

デコレーションチーズケーキ

A WORKSのチーズケーキは、お誕生日や特別な日に予約してくださる方が多い
幸せなお菓子です。それは、ほかでは買えないかわいさがあって、
でも、親しみやすいチーズケーキだから？　おうちでのお祝いにもぜひ作ってみてください。

誕生日祝いにチーズケーキ！

BIRTHDAY CHEESECAKE

◎ バースデーチーズケーキ　作り方 ≫**P.70**

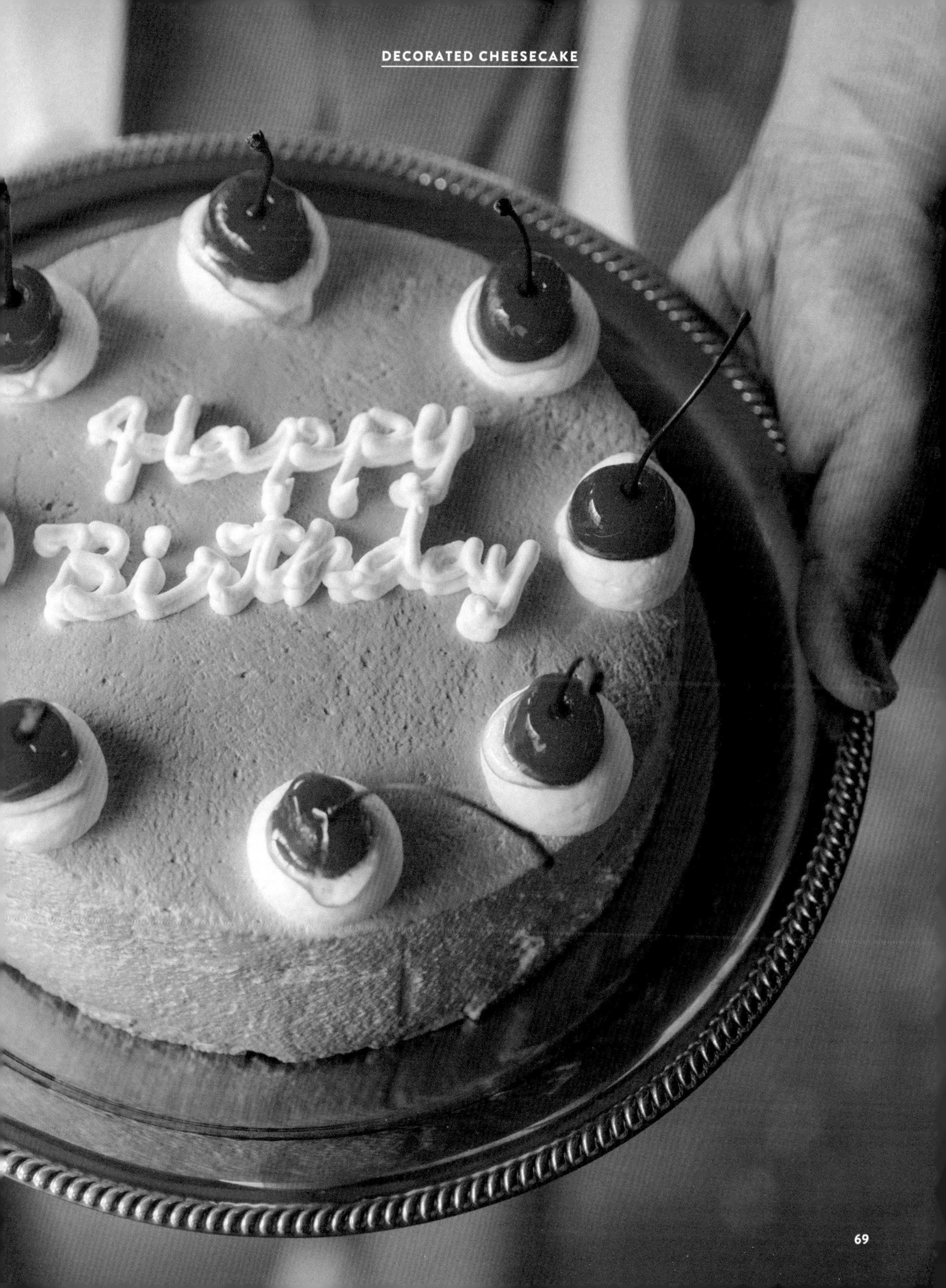
Happy
Birthday

#19 **BIRTHDAY CHEESECAKE**

バースデーチーズケーキ

自分で飾るお祝いのチーズケーキは、世界でひとつの仕上がりに。
好きなベース、好きな色で、好きなメッセージを自由に演出！

| 材料 | 直径18cmの丸型1台分 |

基本のバスクチーズケーキ(P.30／ひと晩ねかせた完成品)
.... 1台

〔 仕上げ 〕
生クリーム 350mℓ
グラニュー糖 30g
食用色素(赤) .... 適量
さくらんぼ(缶詰) 8粒

| 下準備 |

・仕上げ用に、直径3mmの丸口金を付けたしぼり袋と直径12mmの丸口金を準備する。

左：厚みがあるバスクチーズケーキがおすすめ。
右：口金は丸くしぼる直径12mmと、文字を書く3mmを使用(ともに丸口金)。

POINT ———

1

2

3

文字を書くクリームは、つのがピンと立つくらいにかために泡立てる。着色したい場合、
色素は泡立てる前に入れて。利き手でしぼり袋の下のほうを持って細かく動かし、
逆の手で支えながらしぼり出す量を調節する。本番前に練習してみよう！

作り方

1
生クリームとグラニュー糖をハンドミキサーで軽く泡立てる。文字と飾り用に90gを取り分けておく。

2
1の残りのクリームに色素を加え、つのがピンと立つまで泡立てる。

3
基本のバスクチーズケーキの上に2のピンクの生クリームをのせ、ゴムべらでラフにのばす。

4
側面にもそっと塗り広げる。

5
パレットナイフに持ち替え、側面を平らにならす。

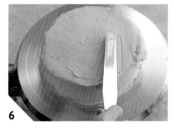

6
こそげた分を上面に塗り、同様に平らにのばす。

7
1で取り分けた白いクリームをつのがピンと立つまで泡立てる。

8
3mmの丸口金を付けたしぼり袋に、7のクリームを入れる。

9
左ページの要領で、好きな文字を一気に書く。

10
書いた文字の上を再度なぞり立体的に仕上げる。色を変えても面白い。

11
丸口金を12mmに替え、対角線上に8カ所丸くしぼり出す。

12
クリームの上にさくらんぼを飾る。

⇒ 完成

20 LOTUS BISCUIT CHEESECAKE

ロータスチーズケーキ

ベルギー生まれのビスケット、ロータス。ほろ苦い
キャラメルとシナモンの香りで珈琲に合います。

| 材料 | 直径18cmの丸型1台分 |

基本のベイクドチーズケーキの材料(P.14)
　→米粉は40gに。レモンの皮のみじん切りは除く。
しょうがのすりおろし ···················· 20g
シナモンパウダー ························· 小さじ1と½
ロータスビスケット ······················· 9枚

〔 キャラメルソース 〕
グラニュー糖 ······························ 100g
水 ······································· 50㎖

〔 仕上げ 〕
生クリーム(乳脂肪分47％) ············ 300㎖
グラニュー糖 ······························ 25g
サワークリーム ··························· 40㎖(30g)
バニラビーンズ(あれば) ················ ½本
ロータスビスケット ······················· 10枚

キャラメルのビターな味と、サクッとした軽さ、そして口溶けのよさで、世界中で大人気。

| 下準備 |

・基本のベイクドチーズケーキと同様に準備する。

| 作り方 |

① 基本のベイクドチーズケーキの**1**〜**9**のように生地を作る。
② キャラメルソースを作る。小鍋にグラニュー糖と水小さじ2を入れて中火にかける。
　好みの加減に焦がしたらいったん火を止め、残りの水を加え、再度火にかけてなじませる。
③ ①の生地に②、しょうがのすりおろし、シナモンパウダーを加えて混ぜる。
④ 型にロータスビスケット9枚を敷き、③を流し入れる(**A**)。
⑤ 基本のベイクドチーズケーキと同様に焼き上げ、粗熱をとってねかせる。
⑥ 仕上げをする。仕上げ用の生クリームにグラニュー糖を入れ、つのがピンと立つまで泡立て、
　そこにサワークリームとバニラビーンズを加え、さっくり混ぜる。
⑦ ⑤の上に全量の⑥をのせ(**B**)、パレットナイフなどで円柱状に成型(**C**)、表面をならす(**D**)。
⑧ ①で冷やしておいたしぼり袋の生クリームを10カ所にしぼり出す。
　仕上げ用ロータスビスケットをしぼり出した生クリームに立てかけるように飾る。切り分けてから飾ってもよい。

A

B

C

D

21　COFFEE & BANANA CHEESECAKE

珈琲バナナチーズケーキ

——

バナナのねっとりとした甘みと珈琲ってすごく合うんです。
クリームにはサワークリームの酸味をほんのり忍ばせています。

| 材料 | 直径18cmの丸型1台分 |

基本のベイクドチーズケーキの材料(P.14)
　→米粉は40gに。レモンの皮のみじん切りは除く。
エスプレッソ(淹れたもの) ················ 80㎖
　→または、粉末のインスタントコーヒー50gを熱湯大さじ2で溶く。

〔 仕上げ 〕
生クリーム ······························ 300㎖
グラニュー糖 ··························· 25g
サワークリーム ························· 25㎖(20g)
バナナ ·································· 4〜5本
ココアパウダー(無糖) ················ 適量

| 下準備 |

・基本のベイクドチーズケーキと同様に準備する。

| 作り方 |

① 基本のベイクドチーズケーキの**1〜9**のように生地を作る。
② エスプレッソを加えて混ぜる。
③ 基本のベイクドチーズケーキと同様に焼き上げ、粗熱をとってねかせる。
④ 仕上げをする。仕上げ用の生クリームにグラニュー糖を入れ、つのがピンと立つまで泡立て、
　サワークリームを加えてさっくり混ぜる。
⑤ ③に薄く④を塗り、皮をむいて端を落としたバナナを並べる(**A**)。
⑥ 残りの④をのせ(**B**)、円柱状に成型し(**C**)、表面をならす。
⑦ 茶こしでココアパウダーをふる(**D**)。

A　　　B　　　C　　　D

22 **CHERRY BLOSSOM CHEESECAKE**

桜チーズケーキ

——

ピンク色が美しいクリームと桜風味のチーズケーキ。
彩りだけでなく、味わいも華やかな春の味です。

| 材料 | 直径18cmの丸型1台分 |

基本のベイクドチーズケーキの材料（P.14）
　→レモンの皮のみじん切りは除く。
桜の塩漬け ………………………………… 30g

〔 仕上げ 〕
生クリーム（乳脂肪分47％） ………… 150㎖
グラニュー糖 ……………………………… 10g
桜あん ……………………………………… 100g

桜あん、桜花の塩漬けは〈富澤商店〉
のものを使用。

| 下準備 |

・基本のベイクドチーズケーキと同様に準備する。
・桜の塩漬けはたっぷりの水に10分浸し、塩抜きする（**A**）。
　10個は飾り用にとっておき、残りはみじん切りにする（**B**）。

| 作り方 |

① 基本のベイクドチーズケーキの**1〜9**のように生地を作る。
② みじん切りにした桜の塩漬けを加えて混ぜる。
③ 基本のベイクドチーズケーキと同様に焼き上げ、粗熱をとってねかせる。
④ 仕上げをする。仕上げ用の生クリームにグラニュー糖を入れ、つのがピンと立つまで泡立て、
　桜あんを加えてゴムべらでさっくり混ぜる（**C**）。
⑤ ③の上に④をのせ（**D**）、パレットナイフなどで円柱状に成型する（**E**）。
　上面にとっておいた桜の塩漬けを飾る（**F**）。

23   MONT BLANC CHEESECAKE

モンブランチーズケーキ

—

ラム酒を効かせたモンブランはリッチな味わいです。
2色のクリームを重ね、雪の積もった山をイメージ。

| 材料 | 直径18cmの丸型1台分 |

基本のベイクドチーズケーキの材料（P.14）
　→レモンの皮のみじん切りは除く。
天津甘栗（殻をむいたもの）············· 75g
グラニュー糖 ································· 10g
ラム酒 ····································· 小さじ4

〔 仕上げ 〕
生クリーム（乳脂肪分47％）············· 300㎖
グラニュー糖 ································· 25g
マロンペースト ······························ 150g
ラム酒 ····································· 5g（小さじ1）
ココアパウダー ······························ 適量
きなこ ····································· 適量

使うのはなんと天津甘栗！　殻が
むいてあるものを用意するとラク。マ
ロンペーストは〈SABATON〉のもの。

| 下準備 |

・基本のベイクドチーズケーキと同様に準備する。
・生地用の天津甘栗を好みの粗さに刻み、
　グラニュー糖を混ぜたラム酒に15分ほど浸す（**A**）。

| 作り方 |

① 基本のベイクドチーズケーキの**1〜9**のように生地を作る。
② ラム酒に浸した天津甘栗を混ぜ合わせる。
③ 基本のベイクドチーズケーキと同様に焼き上げ、粗熱をとってねかせる。
④ 仕上げをする。仕上げ用の生クリームにグラニュー糖を入れ、つのがピンと立つまで泡立てる。
⑤ ④のうち50gを取り分け、マロンペーストと仕上げ用のラム酒を混ぜる（**B**）。
⑥ ⑤の残りの生クリームをのせ、ゴムべらで山型に成型する（**C**）。
⑦ ⑤のマロンペースト入り生クリームをのせ、全体を覆うように塗り重ねる（**D**）。
⑧ 下半分にココアパウダーを茶こしでふり（**E**）、上半分にきなこをふりかける（**F**）。

船瀬洋一郎
Yoichiro Funase

1972年、兵庫県生まれ。
チーズケーキカフェA WORKS店主。
チーズプロフェッショナルの資格を持つチーズケーキ研究家。
沖縄、湘南・茅ヶ崎にて展開したカフェで人気を集めたチーズケーキをメインメニューに、2013年、東京・学芸大学にA WORKSをオープン。その数100種以上というオリジナリティ溢れるチーズケーキを求めて、全国から訪れるお客さんで行列が絶えないお店に。TV・雑誌などのメディアで取り上げられること多数。

instagram @gakudai.aworks

装丁・デザイン　堀 康太郎（horitz）
撮影　　　　　　嶋田礼奈（講談社写真部）
取材・構成　　　北條芽以
編集協力　　　　高井香子
制作協力　　　　大神徹也、小林優太

A WORKS 新しいチーズケーキの教科書

2021年4月13日　第1刷発行

著　者　船瀬洋一郎
発行者　鈴木章一
発行所　株式会社講談社
　　　　〒112-8001　東京都文京区音羽2-12-21
　　　　販売　☎03-5395-3606　業務　☎03-5395-3615
編集　　株式会社講談社エディトリアル
　　　　代表　堺 公江
　　　　〒112-0013東京都文京区音羽1-17-18 護国寺SIAビル6F
　　　　編集部　☎03-5319-2171
印刷所　大日本印刷株式会社
製本所　大口製本印刷株式会社